MW01042547

✏️ Find and circle the hidden letters.

1

Beginning Sounds

 **Teapot begins with T.**

✏️ Trace and write **T**.

✏️ Draw lines from the pictures that begin with **T** to the letter **T**.

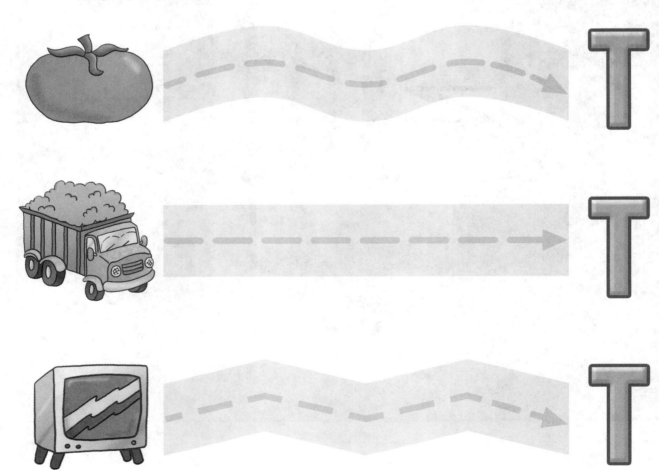

Train
begins with t.

 Trace and write t.

 Write t under the three pictures that begin with t.

_____

_____

_____

_____

_____

Mushroom
begins with **M**.

 Trace and write **M**.

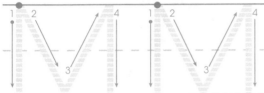

 Draw lines from the pictures that begin with **M** to the letter **M**.

Milk
begins with **m**.

 Trace and write **m**.

 Write **m** under the three pictures that begin with **m**.

Boat
begins with **B**.

 Trace and write **B**.

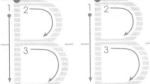

 Draw lines from the pictures that begin with **B** to the letter **B**.

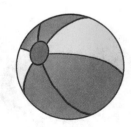  

Bug
begins with **b**.

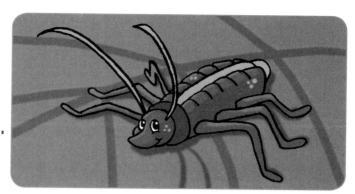

 Trace and write **b**.

 Write **b** under the three pictures that begin with **b**.

_____   _____

- - - - - - - - - - - - -   - - - - - - - - - - - - -

_____   _____

_____   _____   _____

- - - - - - - - - - - - -   - - - - - - - - - - - - -   - - - - - - - - - - - - -

_____   _____   _____

 **Seal** begins with **S**.

 Trace and write **S**.

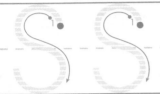

 Draw lines from the pictures that begin with **S** to the letter **S**.

S

Sun
begins with **s**.

 Trace and write **s**.

 Write **s** under the three pictures that begin with **s**.

Circle the pictures that begin with the letters.

Tt

Mm

Bb

Ss

The Parade

 Find and circle the hidden pictures.

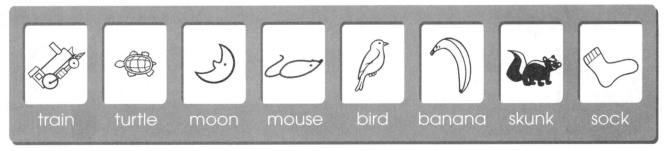

| train | turtle | moon | mouse | bird | banana | skunk | sock |

Pen
begins with **P**.

 Trace and write **P**.

 Draw lines from the pictures that begin with **P** to the letter **P**.

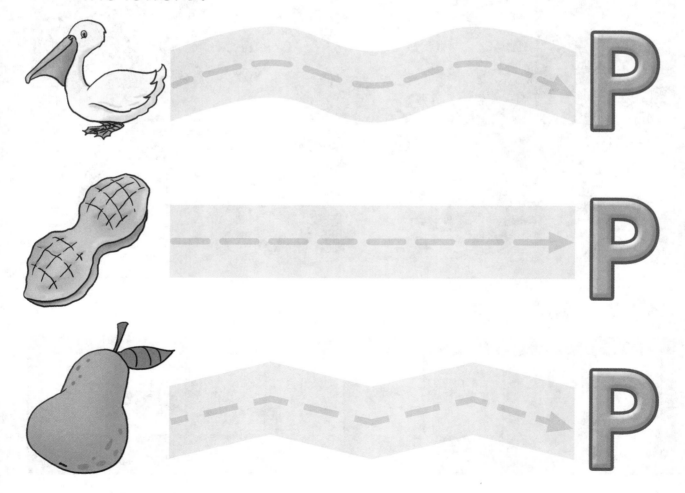

 **Pig**
begins with **p**.

 Trace and write **p**.

Write **p** under the three pictures that begin with **p**.

L

Ladybug begins with **L**.

 Trace and write **L**.

 Draw lines from the pictures that begin with **L** to the letter **L**.

Lettuce
begins with l.

 Trace and write l.

 Write l under the three pictures that begin with l.

Nut
begins with **N**.

 Trace and write **N**.

 Draw lines from the pictures that begin with **N** to the letter **N**.

Nurse
begins with n.

 Trace and write n.

 Write n under the three pictures that begin with n.

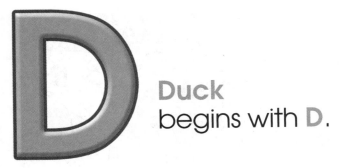

Duck
begins with **D**.

 Trace and write **D**.

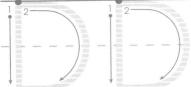

 Draw lines from the pictures that begin with **D** to the letter **D**.

 D

 D

Doll
begins with **d**.

 Trace and write **d**.

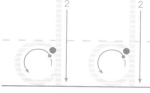

 Write **d** under the three pictures that begin with **d**.

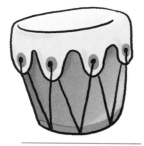

Circle the pictures that begin with the letters.

Pp

Ll

Nn

Dd

Safari Room

 Find and circle the hidden pictures.

| pear | P | leaf | ladybug | net | necklace | drum | duck |

Fish
begins with **F**.

 Trace and write **F**.

 Draw lines from the pictures that begin with **F** to the letter **F**.

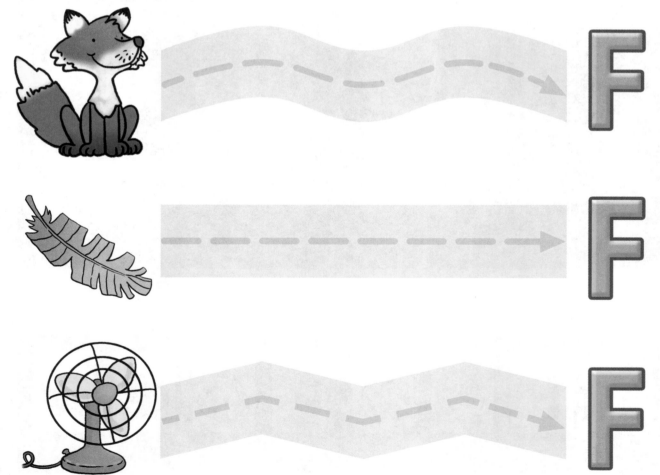

Fire
begins with f.

 Trace and write f.

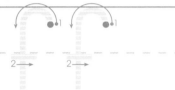

 Write f under the three pictures that begin with f.

 **Hat**
begins with **H**.

 Trace and write **H**.

 Draw lines from the pictures that begin with **H** to the letter **H**.

Hay
begins with **h**.

 Trace and write **h**.

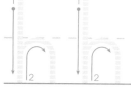

Write **h** under the three pictures that begin with **h**.

Rose begins with R.

 Trace and write **R**.

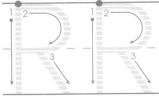

 Draw lines from the pictures that begin with **R** to the letter **R**.

 **Rain**
begins with **r**.

 Trace and write **r**.

 Write **r** under the three pictures that begin with **r**.

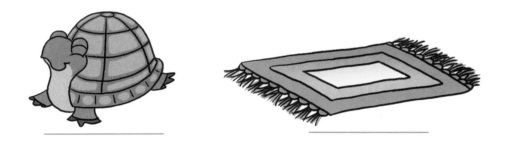

Juggler begins with **J**.

 Trace and write **J**.

J J

 Draw lines from the pictures that begin with **J** to the letter **J**.

 J

 J

 J

Jelly bean
begins with **j**.

 Trace and write **j**.

 Write **j** under the three pictures that begin with **j**.

Circle the pictures that begin with the letters.

Ff

Hh

Rr

Jj

 Find and circle the hidden pictures.

fish   F   heart   hen   rose   ring   jet   J

K

Kangaroo begins with K.

 Trace and write K.

 Draw lines from the pictures that begin with K to the letter K.

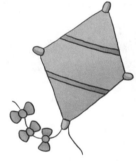

k

Koala
begins with k.

 Trace and write k.

k   k

 Write k under the three pictures that begin with k.

 **Wagon**
begins with **W**.

 Trace and write **W**.

 Draw lines from the pictures that begin with **W** to the letter **W**.

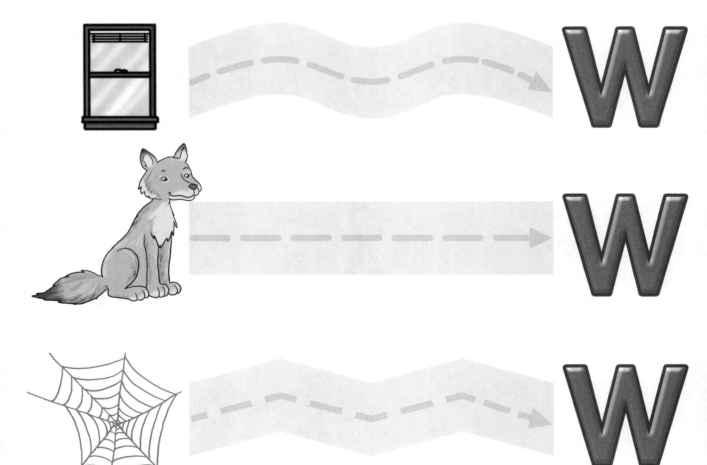

Walrus
begins with **w**.

 Trace and write **w**.

 Write **w** under the three pictures that begin with **w**.

Y

Yacht
begins with **Y**.

 Trace and write **Y**.

Y Y

 Draw lines from the pictures that begin with **Y** to the letter **Y**.

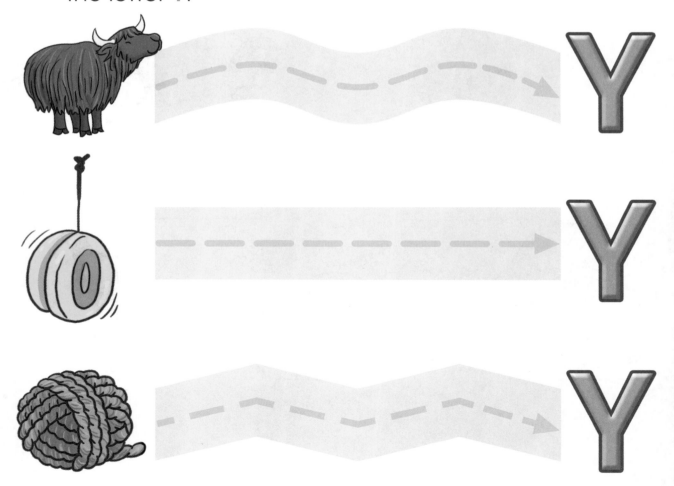

Y

Yard
begins with **y**.

 Trace and write **y**.

 Write **y** under the three pictures that begin with **y**.

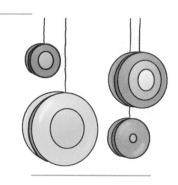

Vegetable
begins with V.

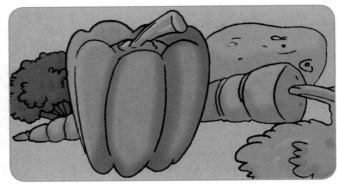

 Trace and write V.

 Draw lines from the pictures that begin with V to the letter V.

 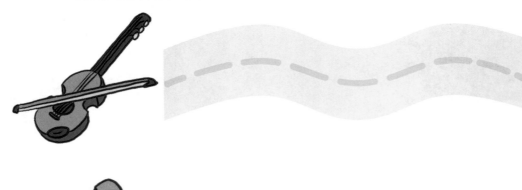 

V

Valentine begins with **v**.

 Trace and write **v**.

 Write **v** under the three pictures that begin with **v**.

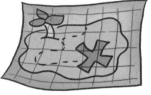

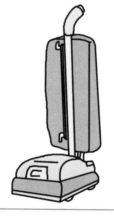

Circle the pictures that begin with the letters.

Kk

Ww

Yy

Vv

 Find and circle the hidden pictures.

| kite | key | whistle | W | yo-yo | Y | violin | V |

Z

Zipper begins with Z.

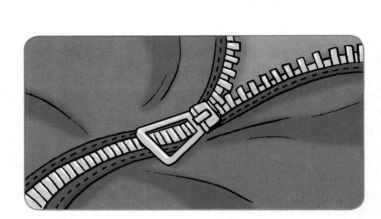

 Trace and write Z.

 Draw lines from the pictures that begin with Z to the letter Z.

Z

Z

zero

Z

 **Zoo**
begins with **z**.

 Trace and write **z**.

Help the **z**ebra get to the **z**oo.

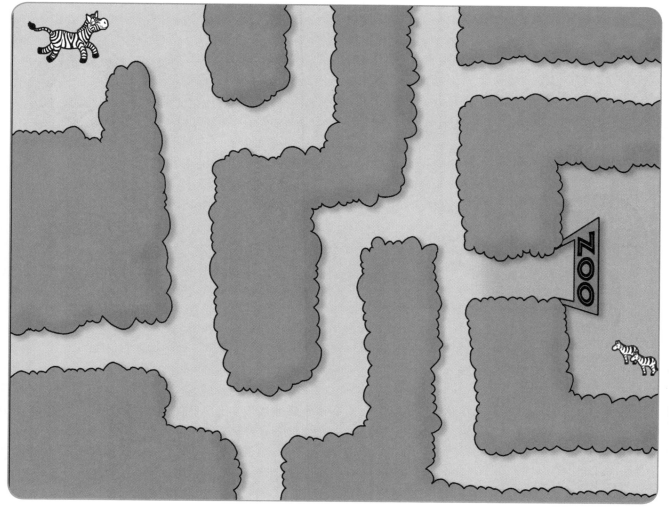

 **Queen**
begins with **Q**.

 Trace and write **Q**.

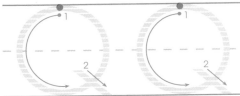

 Draw lines from the pictures that begin with **Q** to the letter **Q**.

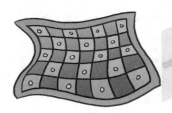 

Quail
begins with **q**.

 Trace and write **q**.

 Color every **Q** and **q** in the **q**uilt.

Carrot
begins with C.

 Trace and write C.

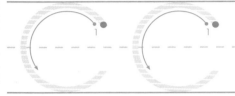

 Draw lines from the pictures that begin with C to the letter C.

Candle
begins with c.

 Trace and write c.

 Write c under the three pictures that begin with c.

 **Goldfish** begins with **G**.

 Trace and write **G**.

 Draw lines from the pictures that begin with **G** to the letter **G**.

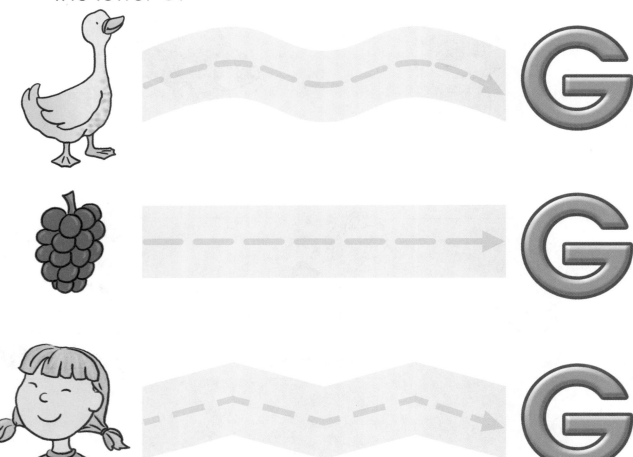

Gift
begins with **g**.

 Trace and write **g**.

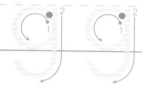

 Write **g** under the three pictures that begin with **g**.

Beginning Sounds

Circle the pictures that begin with the letters.

Zz

Qq

Cc

Gg

Under the Sea

✏️ Find and circle the hidden pictures.

| zipper | Z | question mark | Q | car | cup | goldfish | g |

51

Beginning Sounds

 **Astronaut** begins with **A**.

 Trace and write **A**.

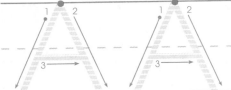

 Draw lines from the pictures that begin with **A** to the letter **A**.

 **Alligator**
begins with **a**.

 Trace and write **a**.

Write **a** under the three pictures that begin with **a**.

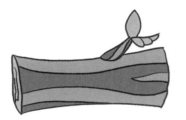

Elevator
begins with **E**.

 Trace and write **E**.

 Draw lines from the pictures that begin with **E** to the letter **E**.

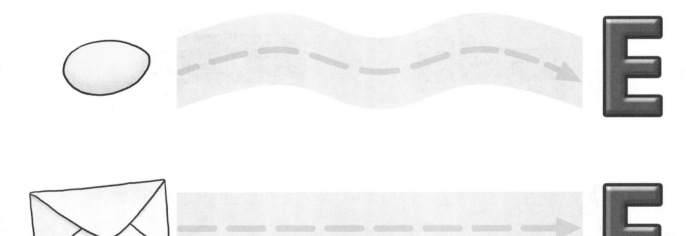

Elf
begins with **e**.

 Trace and write **e**.

 Write **e** under the three pictures that begin with **e**.

Insect
begins with I.

 Trace and write I.

Draw lines from the pictures that begin with
I to the letter I.

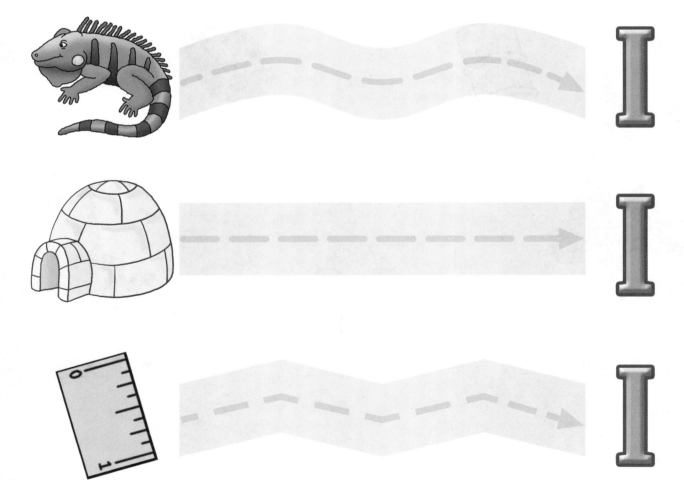

i

Inchworm
begins with **i**.

 Trace and write **i**.

 Write **i** under the three pictures that begin with **i**.

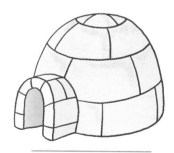

Owl
begins with O.

 Trace and write O.

 Draw lines from the pictures that begin with O to the letter O.

Otter
begins with o.

 Trace and write o.

 Write o under the three pictures that begin with o.

Circle the pictures that begin with the letters.

Aa

Ee

Ii

Oo

Playing in the Park

Find and circle the hidden pictures.

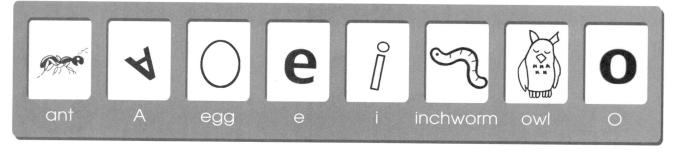

| ant | A | egg | e | i | inchworm | owl | O |

Umpire
begins with **U**.

 Trace and write **U**.

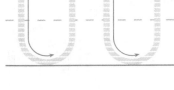

 Draw lines from the pictures that begin with **U** to the letter **U**.

Under
begins with **u**.

 Trace and write **u**.

 Find and color every **U** and **u** in the **u**mbrella.

X-ray
begins with **X**.

 Trace and write **Xx**.

 Help the pirate ship get to Alligator Island.
X marks the spot.

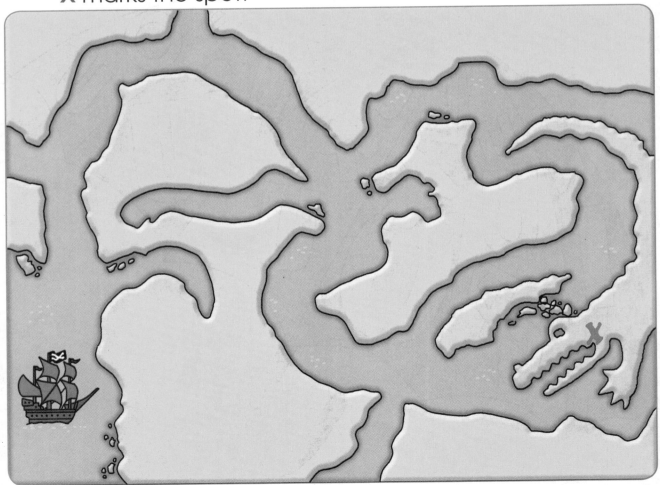

64